エディンバラ

エディンバラ小史

先史時代
石器時代・青銅時代に狩猟民が岩山に居住。

638
ノーサンブリアのアングル人により「ディン・アイディン」陥落、「エディンバラ」と呼ばれるようになる。

1018
マルコム二世がエディンバラを奪回し、スコットランドの国土を南に広げる。

1128
デイヴィッド一世がホーリルード修道院を建立。

1295
スコットランド、フランスとの間に「旧同盟」を締結。

1296
イングランドのエドワード一世、エディンバラ城を略奪。

1314
ロバート・ザ・ブルースが城を奪取、解体する。

1322
イングランド軍がホーリルード修道院を略奪。

15世紀
ノール湖と市を囲む城壁が建造される。エディンバラがスコットランドの首都となる。

1501
ジェイムズ四世がホーリルード修道院の宿坊を改築し、宮殿とする。

1513
フロデンの戦いで、ジェイムズ四世とその軍敗を喫する。

1544
イングランド王ヘン世の命によるエディラ襲撃。

先史時代から、丘の上の砦ディン・アイディンは、この地方を支配しようとする者たちの争点となってきた。ケルト人、アングル人、ブリトン人、ヴァイキングらが次々に支配権確立のために争ったが、やがて西アイルランドから渡ってきたスコット人たちにより、この地方はスコットランドと呼ばれるようになった。スコットランドの空模様と同様に変化の激しい歴史の流れの中で、スコットランドとイングランドの争いが絶え間なく続き、エディンバラ城は包囲され、廃墟となるまで破壊され、再建されるという運命を繰り返してきた。しかし国同士の闘争と宗教戦争に明け暮れたこの街が、世界で最も美しい古典的な都市へと発展していくことになる。1746年からエディンバラは平和な都市として繁栄し、その雰囲気の中で独創的な思想家や天才的な作家が輩出した。街はその城壁から外に向けて前例のないかたちで発展していった。今日エディンバラを訪れる人は、美しい橋が結ぶいくつもの丘の斜面に、みごとに建設された都市を見ることになる。街の高さはさまざまに変化し、意外な眺望を開いては人を驚かせる。だが不屈に厳然とそびえる城がその酔いを醒ますことだろう。

1559
新教徒ジョン・ノックス、聖ジャイルズ教会の牧師となる。

1566
女王メアリの秘書リッツィオがホーリルードハウスで殺害される。
1582
エディンバラ大学創設。

1603
ジェイムズ六世がイングランド国王に即位。宮廷がロンドンに移る。
1638
旧教を否定する長老派国民誓約の締結。

1750-1800
エディンバラ、学問と芸術の中心地として栄える。
1771
ウォルター・スコット、エディンバラに生まれる。
1850
ロバート・ルイス・スティーヴンソン、エディンバラに生まれる。

1999
新スコットランド議会の議員選挙実施。
2004
スコットランド議事堂オープン。
エディンバラ、「文芸都市」に指定される。

1561
夫を失ったスコットランド女王メアリがフランスから帰国。スコットランドの新教国宣言。

1661-88
長老派誓約約100名が絞首刑となる。
1707
スコットランド議会廃止。
1745
ジャコバイト派がエディンバラを攻撃。

1858-72
グレイフライアーズのボビーが主人の墓を守る。
1947
エディンバラ・フェスティバル創設。
1998
スコットランド博物館オープン。

エディンバラ城

エディンバラにそびえる火山岩の山上に最初の砦が造られたのがいつのことなのか、確かなことは誰にもわからない。しかし、これほど理想的な地点が先史時代ここに住んだ人々に無視されたとは考えにくい。ディン・アイディンが最初に文献に現れるのは西暦600年より少し前、ロジアン族の戦士たちがノーサンブリアから攻め寄せたアングル人に大敗を喫したときの記録である。このときから、1745年にボニー・プリンス・チャーリーが王位奪取を企てた攻撃に至るまで、エディンバラ城はしばしば激しい戦いの場となり多くの血が流された。今日この城はスコットランド最大の史蹟として多くの観光客を迎え、その幾重にも複雑な歴史を垣間見せるとともに、足下の街並みと、はるか向こうまで広がる雄大な眺望を楽しませてくれる。

ゲートハウス

城への入り口を守るゲートハウスの両側に、13世紀末の偉大な指導者ウィリアム・ウォレスと、ロバート・ザ・ブルース王の像が立つ。1314年、ブルースは30名の兵士に命じて城の岩山（カースル・ロック）の険しい北面を登らせ、砦のイングランド軍を急襲して城を奪還した。ブルースは、二度と占領されることがないようにただちに城を解体してしまった。アーチ上に刻まれたNemo Me Impune Lacessitの句は、「私に逆らって刑罰を受けずに済む者はない」という敵対者への警告である。

ワン・オクロック・ガン

午後1時の時砲はもともとフォース湾を航行する船に時を告げるものであったが、およそ150年間にわたって日曜を除く毎日、北の防壁から発射されてきた。

エディンバラ城

パレス

16世紀に建造された王家の居住区であるが、その後かなりの改築を経ている。パネル張りの小さな寝室は、スコットランド女王メアリが未来のスコットランド国王ジェイムズ六世（イングランド王ジェイムズ一世）を出産した部屋である。王冠の間（クラウン・ルーム）では古くから伝わる「オナーズ・オヴ・スコットランド」が見られる。

聖マーガレット礼拝堂

12世紀にデイヴィッド一世がその母マーガレット王妃を称えて建立した。アッパー・ウォードにあるこの小さなロマネスク様式の礼拝堂は、エディンバラ最古の建造物である。マルコム三世の王妃マーガレットは、1093年、夫の戦死の報せを聞いた直後に城内で死去した。

スコットランド戦没者記念堂

もと18世紀の兵舎だった建物は美しく改造され、2つの世界大戦で命を落としたスコットランドの人々に捧げられている。

聖マーガレット礼拝堂の
ステンドグラス窓

モンズ・メグ

1457年にジェイムズ二世に贈呈された巨大な前装攻城砲モンズ・メグは、大きな石の砲弾を2.4キロメートル飛ばす能力をもっていた。しかし超重量級のこの大砲は、大勢の人間が力を合わせても1日に4.8キロしか移動できなかったため、16世紀半ばからは城の塁壁の定位置に置かれ、礼砲として使われるだけになった。1681年に発砲されたのを最後に砲身が破裂していったん廃棄されたが、現在は丸天井の通路に展示されている。

グレートホール

16世紀初期に宴会や会議のための大広間として建造されたグレートホールは、兵舎や病棟として使われたこともある。ヴィクトリア時代にロマンティックな中世風に修復されたが、みごとなハマービーム（水平はねだし梁）の天井や装飾のある石の持出し部分は建設当時のものである。

ロイヤル・マイル － カースルヒル

城から岩山の尾根を下ってホーリルード宮殿に至るのがロイヤル・マイルである。1マイル（1.6キロ）にわたって通りの名をさまざまに変えながら続くこの道が、オールド・タウンの背骨を成している。ロイヤル・マイルを行くと、左右に趣のあるクロウス（袋小路）がいくつも現れる。幾世紀にもわたって、この歴史的な通りには乞食、殺人鬼、魚売り女、貿易商人、王族、天才と、あらゆる種類・階級の人々が混じり合って住んできた。

ロイヤル・マイル

魔女の井戸

タータン・ウィーヴィング・ミルの西壁に装飾的なデザインの水場がある。妖しい魔術を行ったかどで城の前のこの場所で火刑に処せられた女たちを記念したものだ。年老いた女、風変わりな女たちが魔女であるかどうか調べるために、疑われた女性は縛られたままカースル・ロック北側のノール湖に投げ込まれた。水に浮けば有罪になって火あぶりになり、沈んで溺死すれば無罪とされた。

ラムジー・ガーデン

プリンシズ・ストリート・ガーデンズ（▷25）の端にある赤と白の目を引く建物は、1892年から94年にかけて建設された集合住宅である。設計者サー・パトリック・ゲディスは都市計画の先駆者として高く評価された人物で、隣人関係や地域のコミュニティを育む重要性を唱えた。

カースル・ロック

カースル・ロックとロイヤル・マイルは、地質学の用語で「クラッグ・アンド・テール（岩山と尻尾）」と呼ばれる地形の典型的な例である。太古に起きた激しい噴火によって円錐形の火山が形成されるが、やがて活動を停止する。氷河期に入ると、西から東へ進む氷河が巨大な隆起によって進行を阻まれる。火山表面の軟らかい堆積岩が氷食されて南北に谷間を形成したのが現在のプリンシズ・ストリート・ガーデンズとグラスマーケットとなった。残った玄武岩の「クラッグ」部分が東側の軟質の岩石を保護するかたちとなり、二つに分かれた氷河の流れはホーリルード宮殿近くまできてやっと合流する。これが「テール」すなわちロイヤル・マイルである。

タータン・ウィーヴィング・ミル

改修成った貯水池がエディンバラ・オールド・タウン・ウィーヴィング・カンパニーの本拠となっている。ハイランドの民族衣装の歴史を解説する展示があり、タータン織機による作業を見学することができる。

カメラ・オブスキュラ

アウトルック・タワーの上階にあるカメラ・オブスキュラは1853年製作の装置。生きている都市のありさまをそのまま凹面テーブルに映し出す。下の階にはエディンバラの歴史的な写真、ピンホール・カメラ、ホログラムが展示されている。

スコッチ ウイスキー ヘリテッジ センター

映像と愛想のいい幽霊の案内でウイスキー作りが紹介される。樽型のバレルカーに乗ってウイスキーの歴史を旅した後は、バーで無料の「ドラム（一杯)」を楽しむ。ギフトショップでは、非常に珍しいものも含めて、驚くべき種類のウイスキーが販売されている。

トルブース・カーク

ヴィクトリア時代の新ゴシック様式の教会で、かつてはエディンバラのゲール語を話す人々が集まったところだが、現在はエディンバラ・フェスティバル（▷16-17）の中央事務所「ザ・ハブ」が置かれている。八角形の尖塔はエディンバラでいちばん高い。

ラムジー・ガーデン

ロイヤル・マイル－ローンマーケット

ローンマーケットは中世に市が立った場所である。乳製品や肉を売る露店が毎日並んだが、週に1日は亜麻布や毛織物が売られた。この地区にはスコットランドの貴族や富裕な商人が好んで住んでいた。偉大な文人ジェイムズ・ボズウェルとロバート・バーンズもここの住人であった。

ローンマーケット

クロウス、ワインド コート

中庭に続く袋小路はクロウス、小路はワインド、中庭はコートと呼ばれる。ロイヤル・マイルに面して建つ古い家々の間にはアーチや細い通路があり、裏側の中庭に通じている。急な坂に阻まれて外側に発展することができなかったため、家屋はどんどん上に伸びて、ときには10階建てにもなった。ここには実に多様な社会階層の人々が混じり合って住んでいたが、衛生条件は劣悪だったため、しばしば熱病や疫病が発生した。フランス語起源といわれる「ガーディルー（水が行くぞ）！」の叫びとともに、あらゆる汚水・汚物が上の窓からクロウスに降ってきて、そこに溜めてあった豚の糞といっしょになって凄まじい臭気を発していた。現在クロウスは中世以来のかたちに再現改修されて、この街独特の雰囲気を留めている。

グラッドストンズ・ランド

グラッドストンズ・ランド

トマス・グラッドストン（土地の発音は「グレッドステイン」）という商人の店と住居であった17世紀初期の建物。スコットランドのナショナル・トラストの手で当時の様式に忠実に修復再現され、一般に公開されている。

文学博物館

文学博物館

1622年建築のレイディ・ステアズ・ハウスは、改装されて文学博物館になっている。スコットランドの三大文学者バーンズ（▷20）、スコット（▷24）、R・L・スティーヴンソン（▷26）ゆかりの資料を展示。屋敷の外のメイカーズ・コートには、スコットランドの名高い著作家たちの碑文を見ることができる。

ディーコン・ブロディーズ・タヴァン

R・L・スティーヴンソンにインスピレーションを与えて《ジキル博士とハイド氏》を書かせたというディーコン・ウィリアム・ブロディーの名にちなんだパブ。昼間は尊敬すべき町の議員、夜になれば強盗団の首領という二重の生活を演じたブロディーはやがて逮捕され、1788年に彼自身が設計したといわれる新式の絞首台でその生涯を終えた。

ロイヤル・マイル－ハイ・ストリート

人が忙しく行き交うハイ・ストリートには、おもしろいクロウスやワインド、地下道やトンネルなど見どころが多い。パーラメント・スクエアははるか昔から、エディンバラの政治・法律・宗教の中心となってきた場所だ。

ミドロジアンの心臓

1817年に解体されるまで400年にわたってこの場所にあった旧市庁舎「トルブース」の入口跡に、ハート型のデザインが舗道に嵌め込まれている。トルブースは料金や税を納める窓口であるとともに、町の会議所、裁判所、刑務所、処刑場でもあった。

聖ジャイルズ大聖堂

オールド・タウンにそびえる聖ジャイルズ大聖堂の王冠型の尖塔は1495年の建造である。尖塔を支える4本の柱は1120年ごろのもので、さらに古い建物の一部であった。その古い教会堂を建立したのは、らい病患者を助けたラザリスト会だったが、この教会がらい病患者の守護聖人である聖ジャイルズに捧げられているのもそのためかもしれない。このエディンバラの主教会は、ときに内部を分割されて議会場、裁判所、警察、さらには刑務所として使われるなど、さまざまな変遷を経てきた。繊細な彫刻で飾られたシスル・チャペルは、スコットランド最高位の騎士団であるオーダー・オヴ・ザ・シスル（あざみ勲爵士団）の宗教的な拠点として1910年ごろに建設された。

ジョン・ノックス　1513？～72

もともとはローマン・カトリックの司祭だったジョン・ノックスは、1547年ごろセント・アンドルース城のプロテスタント改革者たちに加わったが、フランス軍に捕らえられて囚人となり1年半にわたりガレー船を漕いだ。1549年にイングランドへ行って政府のプロテスタント化を推進したが、1553年にカトリックのメアリ・テューダーが王位に就いたため、ジュネーヴに亡命する。同地で冷厳なカルヴァン主義に傾倒し、女性の権力者に対する攻撃文書《女人の極悪な支配に対する第一の攻撃》を著した。1559年にスコットランドに帰還して聖ジャイルズの牧師となり、カルヴァン主義（長老派）の教会を確立する。新しい宗教の擁護者としてカトリックを徹底的に攻撃し、スコットランド女王メアリ（▷19）に激しく敵対した。

旧議事堂

1707年の解散までスコットランド議会がここで開かれていた。現在はスコットランドの最高裁判所となっている。No.11に入場が許されてパーラメント・ホールが見学できることもある。大きなステンドグラス窓とみごとなハマービーム（水平はねだし梁）天井が印象的なホールでは、弁護士たちが議論しつつ行き来している。

マーキャット・クロス

市場の十字架（イングランドでは「マーケット・クロス」）はここでは「マーキャット・クロス」と呼ばれ、14世紀に建てられて以来、その周辺は人々が会って商談し、ニュースを交換したり、布告を聞いたりする場所となり、また鞭打ちや処刑を見物する場所ともなった。現在のものはレプリカであるが、今でも重要な知らせは、伝統に従って、事件が起きてから3日後にここで布告されることになっている。18世紀にはロンドンからのニュースがエディンバラに届くのに3日かかったためだ。

聖ジァイルズ大聖堂

マーキャット・クロス

ロイヤル・マイル－ハイ・ストリート

シティ・チェンバーズ

王立取引所としてジョン・アダムが設計し、1753年から61年にかけて建設された。しかし商人たちは相変わらず酒場での商談を好んだことから、1811年に会議所として改装された。建物の下には16世紀のメアリ・キング・クロウスがあるが、ここの住人たちは1645年に悪疫の犠牲になった。見学グループに参加すればクロウスに入ってみることができる。

トロン教会

トロン教会と
ハイ・ストリート

近くにあったトロン（公設の大さおばかり）にちなんでこう呼ばれる。14世紀のマーリンズ・ワインドの上に17世紀に建てられた教会であるが、内部からその様子がわかる。もとの木造の塔は1824年の火災で焼け落ちたが、格子形の骨組みの美しい天井はそのまま残っている。

ペイズリー・クロウス

入口の上部には、1861年に家屋が倒壊して35人が犠牲になったことが記されている。救助の人々が瓦礫をどけていると、「どけてくれ、まだ死んでないよ」と叫ぶ若い生存者の声がしたという。

エディンバラの小さな楽しみ

- 子供博物館で「思い出の小道」をたどる（▷12）。
- キャノンゲートのファッジ・ハウス・オヴ・エディンバラで、生クリームたっぷりのファッジを1袋買う（▷14-15）。
- エディンバラ城のアーガイル砲台からの眺望を楽しむ（▷4-5）。
- エディンバラ博物館で地元の歴史を探訪する（▷15）。
- カメラ・オブスキュラを体験する（▷7）。
- ハノーヴァー・ストリートのレイ・コーヒーハウスでのお茶のひととき。
- リース・ウォークのヴァルヴォーナ＆クローラのイタリア料理、付属のカフェでのしゃれたイタリアン・ブレックファスト。
- ウォーター・オヴ・リース沿いにストックブリッジからディーン・ヴィレッジに歩く（▷28）。

子供博物館

子供など大嫌いだと言い張ったある議員が1955年に設立した。過ぎ去った時代のなつかしい玩具でいっぱいの博物館で、子供も大人も楽しめる。

モーブレイ・ハウス

エディンバラ最古の住宅のひとつとされるモーブレイ・ハウスには、《ロビンソン・クルーソー》の作者ダニエル・デフォーが住んだこともある。建物の前にはオールド・タウンを通っていた水道の水場のひとつがある。住民はバケツでここから水を汲むか、小さな水樽を背負って運ぶ「キャディー」に配達を頼んだ。

ジョン・ノックスの家

道路に突き出たこの家は、スコットランドの高名な宗教改革者ジョン・ノックス（▷10）が一時期住んでいたと伝えられている。印象的な15世紀後期のこの建物は、スコットランド女王メアリの宮廷付き金細工師だった裕福なジェイムズ・モスマンが所有していた時期もある。建物は、新設されたスコットランド・ストーリーテリング・センターの一部となっている。

ブラス・ラビング・センター

チャルマーズ・クロウスのトリニティ・アプスには、ピクト族の彫刻石や中世の真鍮の墓標の複製が集められており、おもしろい拓本を採ることができる。

ロイヤル・マイル－キャノンゲート

12世紀、スコットランド国王デイヴィッド一世は、ホーリルード修道院（▷18）の修道会会員（キャノン）が修道院から国王直属の街まで続く道（「ゲート」）の両側に住宅を建てることを許した。これがキャノンゲートの街の起源で、1856年まではエディンバラから独立した存在だった。宮廷の人々はこのしゃれた地区に立派な大邸宅を構えたが、1800年代には優雅なニュー・タウン（▷26-27）に関心が移り、キャノンゲートはさびれていった。やがてはスラム街と化し、1950年代までは再開発も行われなかった。

モーレイ・ハウス

オリヴァー・クロムウェルが訪れたこともあるというこの邸宅は1625年に完成。入口には2つの小尖塔がある。美しい庭園は1707年にイングランド議会と合同する条約の調印会場に選ばれたが、反対派の妨害が激しく、調印者たちは安全な場所に逃げ出さざるをえなかった。

キャノンゲート
トルブース

TOLBOOTH TAVERN

A.B. 1820

TOLBOOTH TAVERN
Freshly Cooked

Patrons

OLD TOLLBOOTH WYND

キャノンゲート・トルブース

1591年建造のキャノンゲート旧庁舎で、役所としてまた税務署として使われ、さらに裁判所と刑務所も備えていた。現在は18世紀から現代までのエディンバラ市民の生活・職業・娯楽に焦点を当てた「ピープルズ・ストーリー」という博物館になり、市とその周辺から収集された資料を展示している。

キャノンゲート教会

エディンバラ博物館

1570年に建設され、そのままに美しく保存されたハントリー・ハウスの小さな部屋部屋には、エディンバラの郷土史に関連するさまざまなコレクションが展示されている。この館の別名「スピーキング・ハウス」は正面のラテン語銘文に由来するもので、建物の豪華さへの批判に対し、これを擁護したものだと一般に信じられている。

キャノンゲート教会

キャノンゲートの教区民は、1687年にジェイムズ七世がホーリルード修道院教会の身廊をあざみ勲爵士団の礼拝堂に造り変えるまで、そこで礼拝を行っていた。キャノンゲート教会はその代わりとして1688年に建立された。ホーリルード宮殿に滞在する王族は、ここの礼拝に列席する。

ダンバーズ・クロウス

人通りの多いロイヤル・マイルの裏側、ダンバーズ・クロウスに美しい17世紀の庭園がひっそりと隠れている。

クイーンズベリ・ハウス

1681年建設のクイーンズベリ・ハウスには、若い狂人ドラムランリッグ卿が住んでいた。下働きの料理番の少年を串焼きにして食べてしまったという。

ホワイトホース・クロウス

最近80年の間に建て替えられたクロウスだが、もとは1623年、王室の厩舎跡地に「ホワイトホース」という宿と駅馬車用の馬小屋として建設された。18世紀にはロンドン行きの駅馬車がここから出発し、1週間半かかって目的地に到着した。

ホワイトホース・クロウス

エディンバラ城エスプラネードのミリタリー・タトゥー

エディンバラ・フェスティバル

毎年夏の5週間、スコットランドの首都は世界最大の芸術祭一色になる。活気に満ちたにぎやかな雰囲気が街に溢れ、どこの劇場でもホールでもさまざまな公演が行われ、街中の壁という壁はポスターだらけになる。街路では世界中から集まった観客を前に、奇妙な出し物、即興のパフォーマンスが繰り広げられる。エディンバラ・フェスティバルは、国際芸術祭、フリンジ、ミリタリー・タトゥー、映画祭、書籍祭、ジャズ祭を抱合した一大フェスティバルだ。50年以上前に開始された国際芸術祭には、世界から最高の音楽家、ダンサー、演劇人が集う。フリンジにはアマチュア・グループ、無名のプロ・グループが何百も参加して、抑えがたい欲求を発散し、斬新なアイディアを競い合う。バグパイプ・バンドやスタント・グループが出演するミリタリー・タトゥーは、エディンバラ城を背景に、エスプラネードで華やかに繰り広げられる。

イベント・カレンダー

これら年間イベントの詳細については、エディンバラ＆スコットランド・インフォメーション・センターへ。

3月・4月	イースター・フェスティバル
	ケイリー・カルチャー・フェスティバル
4月	国際科学フェスティバル
5月・6月	国際子供フェスティバル
6月	ロイヤル・ハイランド・ショー
7月・8月	国際ジャズ＆ブルース・フェスティバル
8月	国際芸術祭
	フェスティバル・キャヴァルケード
	フェスティバル・フリンジ
	ミリタリー・タトゥー
	国際書籍祭
	国際映画祭
	ウェストエンド・クラフト＆デザイン・フェア
	（プリンシズ・ストリートのセント・ジョンズにて）
9月	バンク・オヴ・スコットランド花火コンサート
	（プリンシズ・ストリート・ガーデンズにて）
	メラ・インターカルチュラル・フェスティバル
12月	キャピタル・クリスマス
	エディンバラ・ホグマニー
	（「世界が注目する新年の祝祭」）

ホーリールード公園の
フリンジ・サンデー

ホーリルード宮殿

ロイヤル・マイルの終点に壮麗なホーリルード宮殿がある。1128年にデイヴィッド一世が修道院を建立して以来、ホーリルードは幾重にも拡張され、激しい攻撃に遭い、華々しい式典や凄惨な殺害事件の現場ともなった。現在、英国王室のスコットランドにおける公邸となっている宮殿は一般にも公開されている。2002年にはエリザベス女王即位50周年を記念してクイーンズ・ギャラリーが開設され、ロイヤル・コレクションの絵画等を展示している。

修道院跡

デイヴィッド一世によるホーリルード修道院建立については、ロマン的な物語が伝えられている。狩猟していた王が落馬したところ、牡鹿に襲われた。王が鹿と素手で戦ううちに、鹿の2本の角の間に十字架（ルード）が現れて、王がそれを掴むと鹿が退いた。その神意に感謝を表して、王はアウグスティノ会の僧集団のために聖なる十字架（ホーリー・ルード）僧院を設立したという。現在残っている廃墟は、主として13世紀の建物跡である。

ホーリルード修道院跡

ホーリルード宮殿

18

宮殿

壮麗なこの宮殿は、もと修道院を訪ねる王侯のための宿坊だった。1501年にジェイムズ四世が新しく迎える花嫁マーガレット・テューダーのために、新居とすべく改築に着手した。現在のかたちになったのは、チャールズ二世の命によってほとんど全体が建て直された1670年代のことである。

ステート・アパートメンツの王の私室

スコットランド女王メアリ 1542～87

生後1週間もたたないうちに女王となり、5歳でパリに送られ、15歳でフランス皇太子フランソワと結婚。2年後に夫と死別して、メアリはスコットランドに戻る。最初は国民に愛され、微妙な気配りでプロテスタント国のカトリック女王という困難な立場をよく守った。だが1565年に若い野心家ダーンリー卿と再婚。わずか8か月後、ダーンリーは、メアリの秘書で相談相手でもあったデイヴィッド・リッツィオに嫉妬して、仲間とともに女王の部屋に乱入してリッツィオを引きずり出し、刺殺した。1566年、メアリが後のジェイムズ六世を生んだ直後、ダーンリーも殺害される。その後わずか3か月で女王は殺害の首謀者とみられるボスウェル伯爵と結婚、国民の怒りを買う。まもなくロックレーヴン城に監禁され、幼い息子への譲位を強制される。1568年に脱出したメアリは王位の奪回をめざすが、失敗してイングランドに亡命。プロテスタントのイングランド女王エリザベスの命で処刑されるまで、19年間の幽閉生活を送った。

宮殿の見学

女王の滞在中を除き、歴史を秘めたアパートメンツと廃墟となった修道院が公開されている。クイーンズ・ギャラリーには、見事なダーンリー・ジュエルをはじめとするロイヤル・コレクションの所蔵品が展示されている。

ホーリルード公園

広大な美しい王室直轄の公園には、多数の散策ルートが通っている。いちばん高い地点は死火山の中核だったところで、「アーサーズ・シート」と呼ばれる。きつい登りも、頂上からのパノラマのような眺めで十分に報いられる。

オールド・タウン

ロイヤル・マイル（▷6-15）を背骨として延びるエディンバラのオールド・タウンは、不思議な、ときには陰惨な歴史を秘めたところだ。南は市の城壁、北はノール湖に阻まれて、内へ内へと密に発展してきた。オールド・タウンがさびれ、犯罪だらけのスラムと化していくと、余裕ある人々はニュー・タウン（▷26-27）へ移転していった。しかし、やがて再開発によって、古い魅力ある街並みが蘇るときが来た。

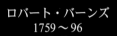

ロバート・バーンズ
1759〜96

エアシャーの農民の息子として生まれる。土地の民謡にインスピレーションを得て詩才を発揮した。農業に従事しながら詩作し、27歳でエディンバラに出ると、「カレドニア（スコットランドの古名）の歌人」ともてはやされた。2年後にまた農業生活に戻ったが、これに行き詰まって税務署で働こうとする。37歳でリウマチ熱により死去、軍葬された。

ヴィクトリア・ストリート

個性的な店やカフェが並ぶしゃれた通り。
ヴィクトリア・テラスは
ローンマーケット（▷8-9）に続いている。

貝売りの子供たち（1820）

ヴィクトリア・ストリート

グラスマーケット

ウェスト・ボウ

17世紀にここに住んだトマス・ウィア少佐は敬虔なプロテスタント教徒で、街路で杖に寄りかかりながら、祈りを唱える姿がよく見られたという。ところがある日倒れ伏して、近親相姦・獣姦・魔術を行っていたことを告白し、人々を驚かせた。彼はその杖とともに火刑に処されたが、杖にはなかなか火が燃え移らなかったという。

グラスマーケット

樹木の多い広い通りでは400年以上も定期市が行われてきた。また公開の処刑場でもあり、1661年から88年にかけては多くのコヴェナンター（プロテスタントの国民誓約者）がここで絞首刑になった。1736年には市の守備隊長であったジョン・ポーティアスが群集に向けて部下に発砲させたことから、名高いポーティアス暴動が起こり、ポーティアスは私刑を受けた。悪名高いバークとヘアもこの一角に住み、16人を絞め殺して遺体を解剖用に大学医学部に売り渡した。

オールド・タウン

グレイフライアーズのボビー

キャンドルメイカー・ロウの南端にスカイ・テリア種の犬の像がある。ボビーは地元の警察官ジョン・グレイに飼われていたが、ボビーが2歳のときに主人が亡くなって、グレイフライアーズ教会の墓地に埋葬された。ボビーは主人の墓から離れることを拒み、昼時になるとそばの酒場で食べ物をもらいながら、1872年に死ぬまで14年間主人の墓を守り続けた。ボビーの遺骸は、同じ墓地の主人の墓近くに葬られた。ボビーの首輪と餌のボウルはエディンバラ博物館（▷15）に展示されている。

グレイフライアーズのボビー

グレイフライアーズ教会

1620年に開いたこの教会は、宗教改革後最初にスコットランドに建立された教会である。1650年代にはクロムウェル軍が兵舎として使ったために損害を被り、1718年には市議たちによって保管されていた火薬が爆発して塔が倒壊した。1638年にカトリックへの反対を宣言した国民誓約に最初の署名がなされたのは、この教会の敷地内においてのことだった。墓地には名高い人々の立派な墓碑が多いが、いちばん多くの人が訪れるのは、やはりジョン・グレイと愛犬ボビーの墓だ。

ホーリルード・ロード

ダイナミック・アース

時をはるかに遡って見学者を発見の旅に導き、バーチャル・リアリティを駆使して地球の成り立ちを解説する、画期的なインタラクティブ・エキシビション。

ダイナミック
アース

スコットランド議会

ホーリルード・ロードの東端に新設されたスコットランド議事堂が2004年にオープンした。ガイド付きツアーで議事堂内を見学したり、開会中の議会見学チケットを入手することができる。詳細については、近くのホーリルード・ロード、タンにあるスコットランド議会インフォメーション・センターへ。

スコットランド博物館

オールド・タウンの中央、チェンバーズ・ストリートの王立博物館に隣接して、スコットランド博物館が新設された。貴重な展示資料を通して、スコットランドの変化に富んだ歴史を紹介している。

フロデン・ウォール

1513年にフロデンの戦いでジェイムズ四世率いるスコットランド軍がイングランドに大敗し、王が戦死した後、市の城壁として建設された。グラスマーケット（▷21）の南西の角のヴェネルからグレイフライアーズ教会の西側にかけて壁の一部が残っている。

スコットランド王立博物館

スコットランド最高のヴィクトリア建築のひとつといわれる建物に、世界各国からの装飾美術品、科学、産業、自然に関する資料が展示されている。

ジョージ・ヘリオット・スクール

ジョージ・ヘリオットは、ジェイムズ六世に仕えた金細工師で銀行家。ポケットに金貨銀貨をいっぱいにして歩いたことから「ジングリン・ジョーディー」と呼ばれた。1628年に身寄りのない少年たちの保護と教育を目的として、スコティッシュ・ルネッサンス様式のこの学校をグラスマーケットの南に設立した。

オールド・カレッジ

エディンバラ大学の創設は1582年。サウス・ブリッジにあるオールド・カレッジは、1789年にロバート・アダムが設計した建物で、ドームのある古典様式だ。

スコットランド博物館

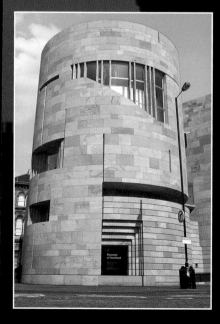

プリンシズ・ストリート

エディンバラの目抜き通りプリンシズ・ストリートは、ニュー・タウンの一環として建設された並木のある大通りである。店が建ち並ぶのは通りの北側だけなので、オールド・タウンの街並みと城を眼前に見晴らすことができる。

スコット記念塔

スコットランドの愛国心をかきたてた文豪スコットを記念する。ヴィクトリアン・ゴシック様式の塔には作中のさまざまな登場人物の像が彫りこまれている。287段の螺旋階段を登って頂上まで行けば、眺望は実に素晴らしい。

レジスター・ハウス

プリンシズ・ストリート東端にあるこの建物は、1774年にロバート・アダムが着手したもの。壮麗な丸天井があり、見学できる。建物の前には、ウォータルーの戦いの勝者ウェリントン公の騎馬銅像がある。

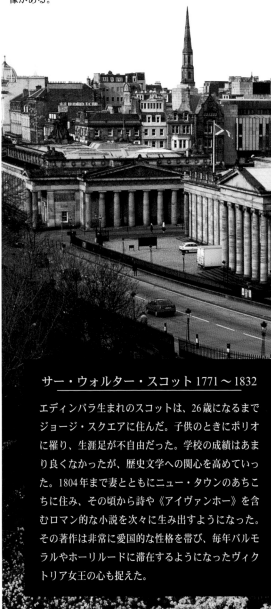

サー・ウォルター・スコット 1771 ～ 1832

エディンバラ生まれのスコットは、26歳になるまでジョージ・スクエアに住んだ。子供のときにポリオに罹り、生涯足が不自由だった。学校の成績はあまり良くなかったが、歴史文学への関心を高めていった。1804年まで妻とともにニュー・タウンのあちこちに住み、その頃から詩や《アイヴァンホー》を含むロマン的な小説を次々に生み出すようになった。その著作は非常に愛国的な性格を帯び、毎年バルモラルやホーリルードに滞在するようになったヴィクトリア女王の心も捉えた。

王立スコットランド美術院

19世紀のエディンバラを代表する建築家ウィリアム・プレイフェアによる重厚な新古典様式の建物。現在ではナショナル・ギャラリーにつながっていて、大規模な展覧会の会場となる。

ナショナル・ギャラリー

1854年に竣工したナショナル・ギャラリーもプレイフェアの設計による。ルネッサンス期から後期印象派まで、ヨーロッパ各国とスコットランドの作品を蔵している。ゴーギャン、ファン・ゴッホ、ラムジー、レイバーンなど名作も見られる。

ザ・マウンド

ニュー・タウンの基礎工事から出た土砂や瓦礫は、プリンシズ・ストリートとロイヤル・マイルの高い尾根を結ぶザ・マウンドの建設に使われた。

王立スコットランド美術院とナショナル・ギャラリー

アレクサンダー・ネイスミス作
《エディンバラ城とノール湖》

プリンシズ・ストリート・ガーデンズ

1460年にここにノール湖が造られた。オールド・タウンの防備が目的だったが、各家庭から出るゴミの捨て場として、また刑罰としての水責めにも使われた。1759年、ニュー・タウン建設のために排水され、プリンシズ・ストリートの建物の基礎工事による土砂で埋め立てられるまでは、悪臭ふんぷんたる泥沼となった。1818年に私有の庭園となり、60年後に一般に公開された。現在は雑踏を逃れてリラックスできるオープンスペースとして愛されており、立像や特別の庭園、機械仕掛けのカッコーが出る花時計など、見どころも多い。

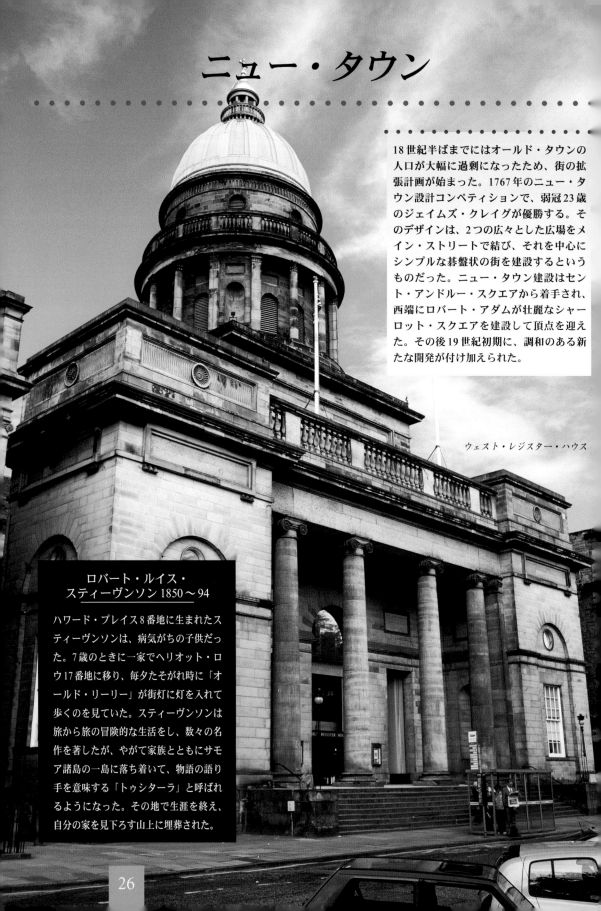

ニュー・タウン

18世紀半ばまでにはオールド・タウンの人口が大幅に過剰になったため、街の拡張計画が始まった。1767年のニュー・タウン設計コンペティションで、弱冠23歳のジェイムズ・クレイグが優勝する。そのデザインは、2つの広々とした広場をメイン・ストリートで結び、それを中心にシンプルな碁盤状の街を建設するというものだった。ニュー・タウン建設はセント・アンドルー・スクエアから着手され、西端にロバート・アダムが壮麗なシャーロット・スクエアを建設して頂点を迎えた。その後19世紀初期に、調和のある新たな開発が付け加えられた。

ウェスト・レジスター・ハウス

ロバート・ルイス・スティーヴンソン 1850〜94

ハワード・プレイス8番地に生まれたスティーヴンソンは、病気がちの子供だった。7歳のときに一家でヘリオット・ロウ17番地に移り、毎夕たそがれ時に「オールド・リーリー」が街灯に灯を入れて歩くのを見ていた。スティーヴンソンは旅から旅の冒険的な生活をし、数々の名作を著したが、やがて家族とともにサモア諸島の一島に落ち着いて、物語の語り手を意味する「トゥシターラ」と呼ばれるようになった。その地で生涯を終え、自分の家を見下ろす山上に埋葬された。

ロイヤル・バンク・オヴ・スコットランド

国立肖像画美術館

クイーン・ストリートの東端にある、1880年代の新ゴシック様式の重厚な建物。スコットランドの歴史を動かした人々の肖像が展示されている。

ジョージ・ストリート

高台沿いに走り、ニュー・タウンの背骨を形成しているジョージ・ストリートは、古典様式・ルネッサンス様式の美しい建物で知られる。聖アンドルー・聖ジョージ教会は楕円形の建物で（「悪魔が隅に隠れることができないように」といわれる）、そのみごとな天井で名高い。優美なアセンブリー・ルームズは、正式な舞踏場として1787年に建設された。ハノーヴァー・ストリートと交差するところでは、意外にもフォース湾が遠望できる。

セント・アンドルー・スクエア

もともとは住宅街として設計されたが、現在はたくさんの銀行、保険会社が集まって、ヨーロッパ一の富裕な広場を形成している。1772年建設の華やかなタウンハウスはロイヤル・バンク・オヴ・スコットランドになっているが、星を散りばめた丸天井は一般にも公開されている。

モーレイ・エステート

モーレイ・エステート

モーレイ伯爵の荘園に1820年代に建設された最高級住宅地。ジェイムズ・ギレスピー・グレアムの設計で、クレセント（三日月形の街路）やサーカス（円形の広場）が短いアヴェニューで結ばれている。

ジョージアン・ハウス

シャーロット・スクエア

ロバート・アダムが1791年に設計したシャーロット・スクエア（上）は、両側を豪壮なファサード、突き当りはウェスト・レジスター・ハウス（もとは教会）が囲み、広場の傑作とされる。7番地のジョージアン・ハウスは、スコットランド・ナショナル・トラストによって建設当時の内装で復元されている。スクエア中央のアルバート公の像は、非常にヴィクトリア女王のお気に召して、製作者はただちにナイト爵位を授けられた。

周辺の見どころ

市の周辺部まで足を伸ばす余裕が
あれば、かつては市外の村だった
美しくユニークな住宅地など、中
心部に劣らず素晴らしい場所が見
られる。

エディンバラ
動物園

ディーン・ヴィレッジ

クイーンズフェリー・ストリートの
下の緑深い谷に、静かな小村ディー
ンがある。12世紀以来の粉挽きの村
で、11の水車と2棟の穀物倉庫で操
業していた。ベルズ・ブレイの下に
あるパン屋の古い集会場にあるマー
ク、バクスターのトルブースなど、
昔をしのぶ痕跡が残っている。谷に
架かるのは、1832年に完成したトマ
ス・テルフォード設計の橋である。

ディーン・ヴィレッジ

ブリタニア

44年間にわたって968回の公式航
海を行った英国王室の豪華ヨット
「ブリタニア号」は、現在は引退
してリースに停泊している。エデ
ィンバラ古来の港町リースは1920
年までエディンバラとは別の町だ
った。ウォーターフロントの建物
の多くはレストランやバーに改装
されたが、現在も独特の雰囲気が
漂う。

ウォーター・オヴ・リース遊歩道

ディーン・ヴィレッジの北東から川沿いの楽しい小道が延び、聖
バーナードの泉、かつての鉱泉跡にあるヒュギエイア(ギリシャ
神話の健康の女神)の小神殿、19世紀初期に開発された住宅地ス
トックブリッジへと続いていく。

ブリタニア

リース

エディンバラ動物園

市の中心部から3.5キロほどの丘の斜面にある広大な動物園は、家族連れで一日を楽しむ絶好の場。ここのペンギンの囲いは世界最大の面積を誇り、夏になるとペンギン・パレードが見られる。

国立現代美術館

ベルフォード・ロードの国立現代美術館では、広々とした明るい展示室で一流モダンアーティストの作品を見ることができる。庭園には彫刻が置かれている。

フォース鉄橋

1890年にフォース鉄道橋が開通した当時、世界最大のこの橋は、時代の技術の勝利ともてはやされた。橋を錆から守るためにペンキ職人たちは絶え間なく塗装作業を続け、橋の終点に達するとすぐに反対側に戻ってきて、また仕事を開始することになる。平行して架かる道路橋も一見の価値がある。クイーンズフェリー博物館に資料が展示されているほか、インチコム島に向かう「メイド・オヴ・ザ・フォース」号からの眺めもよい。同島には鳥類保護区、アウグスティノ会の修道院跡があり、季節によっては灰色アザラシが訪れる。

王立植物園

中心部の雑踏からバスで数分のところにあり、世界有数の植物園として知られる。1670年にホーリルード宮殿近くに2人の医師が小さな薬草園を作ったのが始まりで、その後1820年代に現在のインヴァリースに移転した。園内には色とりどりの花が咲くシャクナゲの小道やみごとなロック・ガーデン、温室があって、ゆったり時間を過ごして元気を回復するのにもってこいの場所となっている。

コールトン・ヒル

プリンシズ・ストリートの東端から続く高台がコールトン・ヒルである。ギリシャ風の記念碑や装飾構築物が点在し、エディンバラが「北のアテネ」と呼ばれるのに一役買っている。頂上への登りはそれほどきつくないが、四方に広がる眺望は実に素晴らしい。

ネルソン記念塔

ロバート・バーン設計による記念塔は、望遠鏡を逆さにしたような形をしている。塔上にタイムボール（報時球）があり、毎日1時に標尺下に落とされる。螺旋階段で物見台まで登ることができる。

旧天文台

最初のニュー・タウン設計者ジェイムズ・クレイグ（▷26-27）によるゴシック要塞風の建物。1792年に完成し、コールトン・ヒル最初の建造物となった。

ネルソン記念塔

デュガルド・ステュアート

18世紀後期のスコットランドの哲学者デュガルド・ステュアートを記念したギリシャ神殿風の円形構築物。プレイフェアの設計による。

ナショナル・モニュメント

プレイフェア設計のナポレオン戦争の戦没者記念建造物。アテネのパルテノンを再現すべく構想されたが、1820年代に資金が尽きて未完に終わった。

市立天文台

ローマ・ドーリア式の十字形の天文台で、ウィリアム・プレイフェアが1818年に建築した。

コールトン・ヒル

バーンズ記念碑

スコットランドの名高い詩人ロバート・バーンズ（▷20）を称える美しいモニュメント。コールトン・ヒル南斜面のリージェント・ロードに立つ。

ナショナル・ギャラリー

博物館と美術館

ダイナミック・アース
（▷ 22）　　0131 550 7800
ジョージアン・ハウス
（▷ 27）　　0131 226 3318
グラッドストンズ・ランド
（▷ 9）　　　　0131 226 5856
ジョン・ノックスの家
（▷ 13）　　　0131 556 9579
子供博物館
（▷ 12）　　　0131 529 4142
エディンバラ博物館
（▷ 15）　　　0131 529 4143
スコットランド博物館
（▷ 23）　　　0131 247 4422
ナショナル・ギャラリー・オヴ・スコットランド
（▷ 25）　　　0131 624 6200
スコットランド国立戦争博物館
（エディンバラ城内）　0131 247 4413
ピープルズ・ストーリー
（▷ 14）　　　0131 529 4057
クイーンズ・ギャラリー（ホーリールード宮殿内）
（▷18）　　　0131 556 5100
スコットランド王立博物館
（▷23）　　　0131 247 4422
王立スコットランド美術院
（▷25）　　　0131 225 6671
スコットランド国立現代美術館
（▷29）　　　0131 624 6200
スコットランド国立肖像画美術館
（▷27）　　　0131 624 6200
文学博物館
（▷9）　　　　0131 529 4901

ガイド付きウォークとバス・ツアー

エディンバラは徒歩で探訪するのがいちばんだ。さまざまな種類のガイド付きウォークがあり、文学散歩もあれば、オールド・タウンの街並みと地下トンネルを巡る背筋も凍るゴースト・ツアーもある。

オープントップ・バス：解説付きでエディンバラの要所をまわることができる。始発点のウェイヴァリー橋をはじめ、いずれの停留所からでも乗り込める。

コーチ（長距離バス）ツアー：エディンバラからは、ネス湖、グレンコー、スターリング城などスコットランド各地の名所に向かう長距離バスが出ている。

ウォーキング・ツアーや観光バス・ツアーについての詳細は、エディンバラ＆スコットランド・インフォメーション・センターで入手できる。

エディンバラ中心部

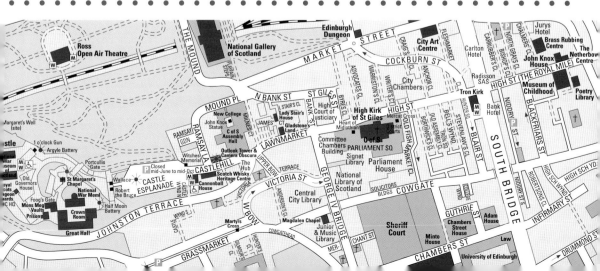

シティマップ

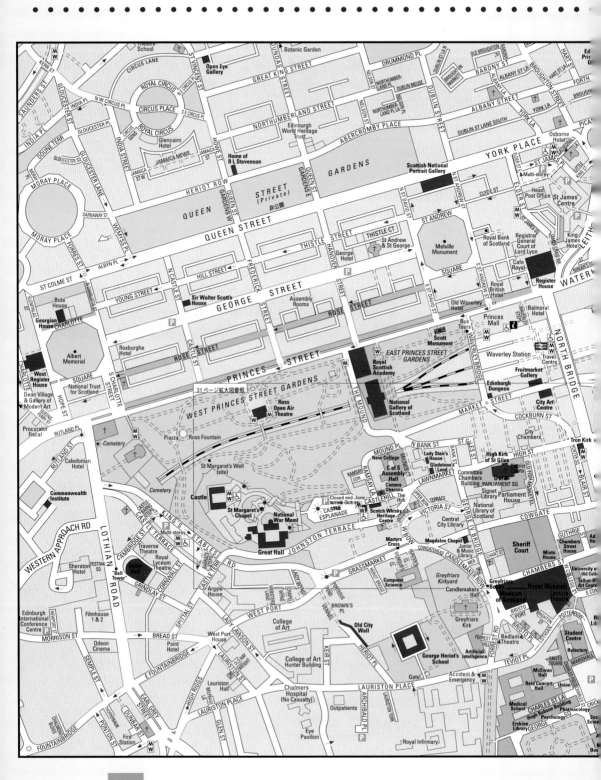